AF232221

A MESSIEURS

LES ÉLECTEURS

DE

TOUS LES DÉPARTEMENS,

ET PARTICULIÈREMENT

A CEUX

DU DÉPARTEMENT DE L'AISNE.

Pectora juratam fallere docta fidem.

A PARIS,

CHEZ N. PICHARD, LIBRAIRE,

QUAI DE CONTI, N° 5, ENTRE LE PONT-NEUF ET LA MONNAIE.

FÉVRIER 1824.

AUX VERTUS

DOMESTIQUES, CIVILES, RELIGIEUSES !

A L'ADMINISTRATEUR

MODÈLE DE TOUTES CES VERTUS,

A Monsieur le Comte De Floirac.

A MESSIEURS

LES ÉLECTEURS

DE

TOUS LES DÉPARTEMENS,

ET PARTICULIEREMENT

A CEUX

DU DÉPARTEMENT DE L'AISNE.

La réunion prochaine des colléges électoraux a suggéré au rédacteur de cet écrit quelques idées, dont il soumet l'examen à MM. les Électeurs des différens colléges.

Les assemblées électorales n'étant point délibérantes, il n'est pas permis d'élever une discussion dans leur enceinte; et cependant quel sujet plus important de chercher à s'éclairer?

Elire des hommes pour discuter les intérêts si grands de la patrie!

Marine, armée, finances, droit public et des gens, économie politique, administration, justice, morale, religion, tout est du ressort de la Chambre élective; le Député ne doit être étranger à aucune de ces matières. De quel courage, de quel sentiment de soi-même il faut être pénétré pour prétendre à ces fonctions éminentes !

C'est au milieu de nombreux candidats que le choix devient embarrassant. Tous ont des droits à notre estime, ils nous sont tous connus, tous également recommandés ; le mérite sans doute fera pencher la balance ; le mérite est modeste, il est rare que son éclat frappe les esprits, il veut être deviné.

O que la tâche est plus facile, lorsque les individus qui réclament les suffrages ont exercé des fonctions législatives, lorsque récemment sortis de la Chambre élective, ils sollicitent de nouveau cet honneur, précieuse récompense des services qu'ils ont rendus et gage de ceux qu'ils rendront encore ! Leur conduite politique est à nous, sa publicité favorise notre examen, et c'est avec connoissance de cause que nous pouvons établir si les Députés sortans ont répondu à notre attente ou trompé nos espérances.

C'est l'heureuse position dans laquelle nous nous trouvons aujourd'hui ; tous les membres de la dernière session se présentent au rang des candidats, et ceux qui ont cru devoir, à une époque trop fameuse, abandonner le lieu des séances, offrent cette démarche comme un titre particulier à l'estime des Electeurs.

Bien certainement, si la conduite de la majorité de la Chambre a donné lieu à cette mesure ; si, comme l'a dit un Député dans la séance du 3 mars, « C'est un attentat prémédité par des factieux voulant la mutilation de l'assemblée », nous devons récompense aux victimes de cette odieuse coalition, et prononcer anathème sur ceux qui en furent les fauteurs.

Mais, par une juste réciprocité, si la défection des cinquante Députés a été sans motif, s'il est impossible de la justifier ; si par cette manière d'agir ils ont faussé leurs sermens, manqué à leurs devoirs, et abusé de notre confiance, les noms de ces déserteurs doivent être exclus de nos votes.

La Chambre de 1815, cette réunion d'hommes d'élite choisis par l'élite des Français ; cette assemblée que notre auguste monarque, qui sait si bien dire, avoit si heureusement qualifiée, est dissoute, après à peine une année d'existence.

On reproche, à ceux qui la composèrent, d'avoir été élus sous l'influence des baïonnettes étrangères ; on les taxe d'exagération et d'ultracisme, parce qu'ils proposèrent des mesures que les souvenirs du 20 mars commandoient, et dont les événemens subséquens ont démontré la sagesse et la nécessité.

Un ministère aveugle et timide, pour ne pas employer d'expressions plus sévères, accueillit ces réclamations dictées par l'astuce et la calomnie ; on parut oublier que les lieux où s'assemblèrent les colléges électoraux furent respectés par les armées d'occupation. La défection du 20 mars ne fut plus qu'une erreur brillante, digne de toute indulgence, et les clameurs d'un parti habile et mal intentionné devinrent pour les ministres les vœux, les cris de la France.

L'ordonnance de dissolution de la Chambre introuvable est proclamée ; les assemblées électorales sont de nouveau convoquées, et le ministère méconnoissant la nécessité de l'action du gouvernement, que son essence est protection, direction et surveillance, s'abandonne à ceux qui l'adulent pour mieux le décevoir : il adopte un système d'inertie qui livre la France aux menées de son plus cruel ennemi, le libéralisme.

Sous le spécieux prétexte de l'indépendance des votes, de la liberté des suffrages, les administrateurs reçoivent l'ordre de ne se mêler en chose quelconque des élections.

Dès lors, au sein de la capitale, au centre de la monarchie, sous les regards d'une police sans énergie, et qui s'est promis de ne rien voir, s'élève une autorité rivale de l'autorité légitime : un comité directeur s'établit ; il a sa police, ses affiliés, ses tributaires, son trésor ; une caisse reçoit les offrandes des sectaires, et d'ardens et fidèles émissaires, parcourant la France dans tous les sens, pénétrant dans les retraites les plus reculées, communiquant avec toutes les classes de citoyens, propagent partout leurs doctrines subversives, et disséminent leurs pamphlets calomniateurs.

Le rétablissement de la dîme et des droits féodaux, la réintégration du clergé et de la noblesse dans leurs biens, leurs honneurs, leurs antiques priviléges, la spoliation surtout des acquéreurs des domaines nationaux, sont les fantômes à l'aide desquels ils effraient et attirent à leur parti les Electeurs, que le défaut de lumières livre à ce genre de séduction.

On exhume, pour ceux d'un ordre plus relevé, les vieux sophismes révolutionnaires, on préconise les idées libérales, le dogme de la souveraineté du peuple est proclamé avec un enthousiasme affecté et hypocrite; on établit en principe que sous le règne de la liberté, sous le régime d'un gouvernement constitutionnel et représentatif, toutes les opinions, toutes les doctrines doivent être représentées, et bientôt la félonie ne fut qu'une opinion, et le régicide devint une doctrine.

Sur toutes choses, les prêtres, les nobles, les royalistes, les membres sortans de la Chambre dissoute durent être exclus des votes; l'honneur du choix fut dévolu à ceux que le parti jugea capables de répondre à ses vues, de concourir à ses pernicieux desseins.

Alors on vit au nombre des candidats et le fougueux républicain, et le courtisan obséquieux de l'homme des cent-jours, le cauteleux signataire de l'acte additionnel, et l'ennemi déclaré des Bourbons et de la légitimité, et ces vétérans de la révolution rêvassant encore les désastreuses niaiseries de la Constituante.

Les scrutins offrirent à la France effrayée, et l'athée, et le rebelle, et le fils du régicide, et le régicide lui-même.

Les ministres se réveillèrent surpris des étranges auxiliaires auxquels ils se sont livrés; bientôt la légitimité est mise en question, l'autorité royale contestée et avilie, la fidélité tournée en dérision, et les administrateurs distingués par leurs lumières et leur dévouement, apprennent par le journal ministériel, que leurs services ne sont plus nécessaires.

Des bandes de factieux se montrent avec audace sur tous les points de la France, ils relèvent la bannière de la rébellion, et un orateur propose à la tribune nationale, de substituer ses couleurs à celle de la fidélité.

C'en étoit fait de notre malheureuse patrie si cette Providence qui veille sur les Français, qui nous sauve malgré nous-mêmes, n'eût encore opéré un nouveau miracle en notre faveur: hélas! ce bienfait fut trop douloureusement acheté, un sang auguste et pur a été encore une fois versé en sacrifice expiatoire, un Bourbon expirant sous le fer d'un assassin s'est élevé victime suppliante vers le trône de l'Éternel;

et le sacrifice du 14 février a été consommé.

L'horreur, la consternation, le deuil de la France entière, à cette affreuse nouvelle, apprirent aux fauteurs de ce forfait que leurs funestes secrets étoient dévoilés; l'indignation générale porta l'effroi au fond de leurs cœurs; ils reculèrent devant l'odieux héritage délaissé par Louvel; ils le représentèrent comme un fanatique atrabilaire, un scélérat isolé; mais la postérité ne demandera pas en vain qui apprit à ce monstre, *que les Bourbons étoient les ennemis les plus cruels de la France;* elle saura qui dirigea l'exécrable combinaison de cet attentat.

L'enfant du miracle parut parmi nous comme l'ange annonçant les miséricordes d'en haut. Dès ce moment les rangs des libéraux s'éclaircirent; l'esprit de vertige présida aux opérations de leurs séides, partout ils agirent en insensés, en gens désespérés, et partout leurs plus adroites combinaisons furent découvertes, arrêtées, et les auteurs punis. Enfin, les nouveaux prodiges de nos braves, conduits à la victoire par un Bourbon, et marchant sous l'étendard des lis, ont assuré pour jamais les destinées de la France, tant il est vrai que le panache blanc s'est toujours trouvé sur le chemin de l'honneur et de la gloire française.

Je sais que dans ce tableau, malheureusement trop fidèle, il faut faire la part de l'imprudence, de l'égoïsme, des vanités blessées, de l'esprit faux, de l'erreur, de l'ambition ; mais l'être qui attise l'incendie, est-il donc étranger au désastre ? l'imprudent qui dissémine le poison, est-il pleinement innocent ?

Vouloit-on bien sincèrement la tranquillité publique et le bonheur de l'Etat lorsque la tribune retentissoit des doctrines révolutionnaires, et que l'on invoquoit avec tant d'emphase et d'exaltation la souveraineté du peuple, ce ferment de troubles et de passions désordonnées ?

Quel étoit le but de ces appels à la jeunesse ardente et sans expérience, aux prolétaires, à l'armée, à tout ce qui doit essentiellement obéir ?

Par quelle étrange fatalité les noms de certains personnages se sont-ils trouvés le cri de ralliement de tous les factieux, et sembloient-ils le fondement de leurs espérances ?

Quel hasard singulier amenoit à point nommé, au milieu des rassemblemens séditieux, d'autres personnages plus obscurs que les précédens, mais leurs égaux en dignité ?

Comment expliquer cette tendre et inquiète sollicitude pour les conspirateurs de Naples, de Turin, de Milan, des Espagnes, de toutes les contrées, ces vœux en leur faveur mal déguisés sous l'apparence de sinistres prédictions ; enfin, les outrages prodigués à toutes les autorités qui ont arrêté et sévi contre les factieux ?

En dernier lieu, est-ce en désespoir de cause que cinquante Députés ont cessé de prendre part aux délibérations, abandonné l'assemblée, digne couronnement de leur conduite pendant la durée de leur mission ?

La défection seroit-elle, dans les idées libérales, sur la même ligne que l'insurrection, et compteroit-elle comme cette dernière au nombre des devoirs les plus saints ?

La nomination d'un Député ne seroit-elle qu'un simple honneur décerné par le caprice des colléges électoraux ?

Le Député qui accepte cette nomination ne contracteroit-il aucune espèce d'engagement ?

Faut-il donc discuter péniblement les articles du Code relatifs aux obligations conventionnelles et au mandat ?

L'honneur d'avoir été choisi par la réunion de ses concitoyens ; la certitude de ne pouvoir être révoqué ; la faculté de renoncer à ces fonctions, sans être obligé de déduire ses motifs ; la liberté d'émettre ses opinions sans aucune contrainte, et l'inviolabilité enfin, cette égide qui couvre tant de fautes ; le Député ne seroit-il tenu à aucune obligation vis-à-vis de ceux qui lui ont procuré de si grands avantages ?

Mandataire, ses commettans sont obligés d'exécuter les engagemens qu'il a contractés, et il ne leur doit aucune responsabilité !

Chargé des intérêts de la France entière,

dont il se dit le représentant, il n'est lié par aucun devoir !

Tout seroit faveur pour le Député, sans autre réciprocité qu'une reconnoissance stérile et éphémère !

La proposition et l'acceptation ne seroient plus l'essence du contrat !

Le serment solennel que le Député a prêté comme Electeur, qu'il répète publiquement à la séance royale, deviendroit une pure formalité sans intérêt comme sans conséquence, et les expressions dont on se sert des mots vides de sens, frappant les oreilles sans représenter aucune idée raisonnable !

Loin de nous ces absurdes suppositions !

Le Député est lié par son acceptation, par la religion du serment; ses devoirs et ses obligations sont tracés par la Charte et les lois constitutionnelles auxquelles il a juré obéissance.

La fidélité au roi est renfermée dans la Charte, quand elle ne le seroit pas dans nos cœurs.

« *Le Roi est le chef de l'Etat; sa personne sa-* » *crée est inviolable.* Nous reviendrons sur cette première et principale partie du serment.

« *Il y aura une Chambre des Députés; ces* » *Députés seront élus par les colléges électoraux;* » *chaque département aura un nombre de Dé-* » *putés proportionné à sa population.*

» *La Chambre des Députés des départemens* » *exercera collectivement, avec le Roi et la*

» *Chambre des Pairs, la puissance législa-*
tive.

» *La loi de l'impôt doit être d'abord adressée*
» *à la Chambre des Députés.*

» *Aucun impôt ne peut être établi ni perçu, s'il*
» *n'a été consenti par les deux Chambres, etc.* »

L'impôt n'étoit pas voté ; la session de 1823 commençoit à peine ses opérations ; de graves intérêts étoient annoncés, et devoient être suivis d'importantes délibérations : cependant des Députés se retirent !

Ils se retirent ! et l'obéissance à la Charte qu'ils ont jurée ne les retient pas ! Cette Charte veut impérativement qu'il y ait une Chambre des Députés, que cette Chambre soit complète afin que les départemens soient représentés ; et si, par décès ou démission, un Député manque à son poste, le Roi ordonne, dans le plus bref délai, la convocation du collége électoral qui l'avoit nommé, afin de remplir la lacune qu'é- prouvoit la députation ; mais pour que ce rem- placement ait lieu, il faut que le décès soit cons- taté, ou que le Député ait formellement exprimé la volonté de cesser ses fonctions.

Les Députés déserteurs de l'assemblée ont bien, par le fait, cessé de prendre part aux déli- bérations et d'assister aux séances ; mais rien de leur part n'a annoncé leur renonciation expresse et formelle, et par cette manière d'agir, ils ont violé l'article de la Charte relatif à la représentation, paralysé l'action du gouvernement, qui donne ses soins à la stricte exécution de ses dispositions, et privé sciemment leurs départemens des avantages qu'ils doivent retirer de l'assistance des Députés aux travaux de la Chambre.

Cette assistance n'est pas, il est vrai, un article textuel du réglement; nieront-ils que ce soit moins un devoir prescrit par l'honneur et la conscience?

Certains journaux ont exalté l'énergie de ces Députés, et l'amertume de leur douleur. Mais l'inviolabilité peut avec quelque succès être comparée aux cuirasses enchantées des héros de l'Arioste, et c'est une douleur bien fastueuse que celle qui n'éclate que dans les lieux de rassemblement; car enfin, si quelque débat politique et scandaleux avoit lieu devant nos cours de justice, c'étoit alors que l'on étoit assuré de rencontrer les Députés absens de l'assemblée : l'audience de police correctionnelle possédoit le charme d'adoucir cette amère douleur.

Un puissant motif a dirigé les cinquante Députés dans leur énergique démarche. « Une » majorité factieuse régnoit tyranniquement sur » l'assemblée ; elle avoit formé l'infâme pro- » jet de décimer la minorité, de mutiler la re- » présentation; elle a commencé par l'exclusion » de Manuel, de cet orateur le plus redouté » du côté droit », suivant l'expression de je ne sais quel Député du côté gauche ; et pour s'opposer à la tyrannie , les cinquante Députés battent prudemment en retraite !

Réduisons ces expressions exagérées à la plus simple expression.

Le Roi déclare la guerre : *j'ai consulté*, avoit-il dit , dans son discours d'ouverture , *j'ai consulté la dignité de mon trône , l'honneur et la sûreté de ma couronne.*

Le 24 février, la discussion s'ouvrit sur les subsides. Plusieurs Députés en firent le texte de déclamations bien étrangères à la question. Le président du conseil des ministres , dans une brillante improvisation , réfuta les fausses doctrines et les assertions mensongères , et ramena la délibération au véritable point à discuter.

M. de Chateaubriand, dans un discours sublime , épuisa la matière ; jamais homme d'Etat ne s'exprima avec plus de dignité et de grâce. La majorité réclama la clôture de la discussion ; l'opposition demanda qu'elle fût prorogée ; elle sentoit toute la force du coup qui lui étoit porté.

Le 26 , M. Etienne est appelé à la tribune , et cède son tour au Député Manuel.

Le discours de cet orateur excite un tumulte tel que , pour le faire cesser , le président lève la séance.

Le 27 , la proposition d'exclusion du sieur Manuel est faite formellement ; on l'accuse d'avoir préconisé le régicide ; la discussion s'établit sur cette nouvelle question ; de nombreux

orateurs sont entendus pour et contre, et le 3
mars, cinq jours après celui du tumulte, l'exclusion du Député Manuel, pour le restant de la
session, est prononcée à une immense majorité.

Aristide reçut le coquille, inscrivit son nom,
et partit pour l'exil; le Député exclu n'est pas
Aristide; avide de scandale, il s'introduit subrepticement dans la salle des séances, il n'en
sortira que par la violence, c'est son cri de
guerre, celui de ralliement de ses partisans.

Manuel, dépouillé de l'inviolabilité, n'est
plus qu'un perturbateur, le poignet d'un gendarme en fait justice.

Déjà l'exclusion prononcée contre Manuel
avoit fait accuser l'assemblée d'avoir outre-passé
ses pouvoirs; mais en cette dernière circonstance, les cinquante membres ne gardent plus
de mesure. *Le président a forfait à l'honneur,
et faussé son serment, la majesté de la représentation est violée, les votes des Electeurs méprisés, la France avilie dans ses représentans,
c'est une calamité publique, un coup qui frappe
chaque Député.*

Le membre exclu a-t-il professé à la tribune
l'appel au régicide? Oui, se refuser à cette vérité,
c'est nier l'évidence. Deux témoins suffisent en
matière capitale; et l'on rejetteroit le témoignage de la majorité de la Chambre! on voudroit faire regarder comme une scène de commande ce mouvement d'horreur, ces cris spon-

tanés d'indignation qui éclatèrent aux accens sacriléges de l'orateur !

La majorité de la Chambre seroit composée d'êtres assez vils et assez lâches pour se coaliser à l'effet d'écraser un seul homme ! C'est sûrement dans l'obscurité, en scrutin secret, que cette réunion de factieux a commis cet attentat : non, c'est en pleine assemblée, en présence de tous !

Que d'absurdités il faut supposer à l'appui d'une pareille accusation ?

On savoit à l'avance que la discussion seroit prorogée ;

Que M. Etienne céderoit son tour au sieur Manuel ;

Que celui-ci parleroit ;

Qu'il étoit indifférent qu'il s'exprimât avec sagesse ou comme un factieux ;

Que trois cents Députés mentiroient de gaieté de cœur à leur conscience : car enfin, ces trois cents Députés avoient comploté ensemble sur des données aussi incertaines.

Il faut faire entrer dans le complot et les journalistes, et les assistans dans les tribunes, et les employés au service de la Chambre, et le sieur Manuel lui-même.

Il faut, si tout ce monde n'est pas de la coalition, qu'on leur persuade qu'ils ont entendu ce qui n'a pas été prononcé, et que M. Manuel veuille justifier et expliquer ce qu'il n'a pas dit.

En vérité, il faut bien croire à l'indulgence

du public, ou bien peu le respecter, pour le ber-
cer de pareilles niaiseries.

On n'a pas voulu écouter la justification de
Manuel!

Veuillez lire l'exorde du Député qui porta la
parole après M. de Chateaubriand :

« Ce n'est pas sans une juste défiance que je
» me présente à cette tribune après un dis-
» cours depuis long-temps préparé, qui a été
» travaillé dans le silence du cabinet, et qui
» depuis plusieurs jours a été lu dans des co-
» mités particuliers. »

Aveu précieux, le discours du ministre étoit
connu de l'opposition, les membres avoient
eu le temps de se préparer, et le malencon-
treux orateur leur enlevoit et le mérite et
l'excuse de l'improvisation.

Joignez à cet aveu, la demande de proroga-
tion de la discussion, la déférence de M. Etienne,
et la lettre de Manuel au président. Le sieur
Manuel étoit préparé, il avoit jeté sur le pa-
pier le plan de son discours, il avoit au moins
un brouillon, de simples notes ; tout autre à
sa place se fût empressé d'employer un moyen
si facile et si naturel d'établir sa justification ;
lui-même s'en seroit fait une maligne joie ; il
eût déposé sur le bureau les pièces justifica-
tives de son innocence, il en eût réclamé la
lecture par un de messieurs les secrétaires,
et personne n'eût pu se refuser à l'entendre ;

il ne l'a pas fait, il est donc coupable; c'est l'alibi, péremptoire si on l'établit, et funeste si on est convaincu de mensonge.

« On a articulé que la Chambre n'étoit pas » compétente pour prononcer l'exclusion de » Manuel; qu'elle s'est écartée de ses attri- » butions, et de son réglement. »

Toutes ces questions rentrent dans une seule.

Nulle assemblée ne peut exister sans police, c'est l'ordre qui constate l'existence des choses, il s'établit naturellement par le seul sentiment de ce qui est convenable à leur essence et à leur conservation.

Un réglement écrit ne peut, non plus qu'un code de lois, prévoir toutes les contraventions.

L'assemblée est essentiellement monarchique, morale et religieuse : monarchique, elle a dû rejeter de son sein le préconiseur du régicide ; morale et religieuse, elle a anathématisé les doctrines tendantes au meurtre et à l'assassinat.

Les votes des Electeurs ont été méprisés, la France avilie dans la personne de ses Députés : mais ceux qui traitent la majorité de l'assemblée de réunion de factieux, donnent un singulier exemple de respect pour les choix de la majorité des Electeurs.

Je me résume :

La Chambre a agi avec pleine autorité et en

toute justice en prononçant l'exclusion du Député Manuel.

L'homme aux répugnances, aux antécédens haineux contre la légitimité et les Bourbons, a encouru cette dégradation civique.

C'est la juste peine d'avoir faussé le serment de fidélité au Roi, en proclamant les doctrines régicides.

Ceux qui se sont déclarés solidaires de Manuel, qui ont assumé sur eux l'odieux de sa coulpe, se sont déclarés ses complices, ils ont également faussé le serment de fidélité.

J'ai démontré que les Députés qui ont donné l'exemple de la défection, avoient agi contrairement à leur serment d'obéissance à la Charte, qu'ils avoient violé ses dispositions, forfait à leurs devoirs et trompé la confiance des Electeurs.

Les conséquences de cet écrit sont faciles à déduire et à appliquer.

Electeurs, avant de déposer votre scrutin, vous prêtez aussi le serment de fidélité au Roi; il n'est point de vains sermens, tout vote en contradiction avec cette déclaration solennelle est un parjure.

Vous voulez la paix, la véritable liberté, le bonheur de la France; ils ne peuvent exister que sous la légitimité, qu'avec les Bourbons.

Electeurs du département de l'Aisne, méditez cette phrase d'un homme d'Etat.

« Il manquoit peut-être encore quelque chose

» à la réconciliation complète des Français;
» elle s'achevera sous la tente : les compagnons
» d'armes sont bientôt amis, et tous les souve-
» nirs se perdent dans la pensée d'une commune
» gloire. »

A peine nos soldats se sont-ils trouvés sous la tente, qu'ils se sont écrié : *Il n'y a plus d'ancienne armée!* Ce cri d'honneur et de fraternité a retenti par toute la France, et la victoire a applaudi à nos braves.

Est-il donc impossible d'imiter ce noble exemple? est-il nécessaire de porter le mousquet pour être compagnons? n'avons-nous pas été camarades d'infortune dans les temps d'anarchie et d'invasion? nous étions unis alors! pourquoi ne pas l'être encore? nous avons les mêmes pensées, nous formons les mêmes vœux : *le bonheur général.* Eloignons les fermens de trouble, ceux qui cherchent à nous diviser. dans leur intérêt particulier, et bientôt nous trouverons parmi nous et facilement, à remplacer des talens brillans, mais dangereux.

Rétablissons l'honneur de notre département; étoit-ce au berceau de la monarchie, aux fidèles Soissonnois, aux braves habitans de Saint-Quentin, aux bons Picards comme disoit Henri IV, à se traîner sur les traces d'un arrondissement de l'Isère?

Notre département a été exempt des grandes crises révolutionnaires ; il est royaliste de fait et de cœur ; mais les malheurs de la guerre, et une longue série de calamités avoient exaspéré les esprits ; les impôts diminués, leur charge mieux répartie, les secours et les encourage-mens multipliés, tout annonce un gouverne-ment réparateur ; aidons-le de tous nos moyens, c'est un devoir que la récompense accompagne : nous le pouvons en faisant de bons choix. Est-il donc impossible de rencontrer parmi nos éli-gibles des êtres que la loyauté, l'amour de la patrie, l'intérêt du bien public, la capacité, sans laquelle les autres vertus sont inutiles, rendent susceptibles de remplir les fonctions de Députés, et que nous puissions présenter, avec quelque confiance, à ceux qui ont critiqué, non sans raison, le choix des Députés, sortis de la dernière session, avec la tache de la défection ?

FIN.